玉清元始天尊

太清道德天尊

尉迟恭

天官

水官

斗姆元君

东海龙王

南海龙王

西海龙王

北海龙王

中国神仙画谱

装饰画

彤仙——绘

人民邮电出版社
北京

图书在版编目（CIP）数据

中国神仙画谱. 装饰画 / 彤仙绘. -- 北京：人民邮电出版社，2024.1（2024.2重印）
ISBN 978-7-115-63715-4

Ⅰ．①中… Ⅱ．①彤… Ⅲ．①神—中国—画册 Ⅳ．①B933-64

中国国家版本馆CIP数据核字(2024)第003061号

内 容 提 要

这是一本以中国传统神话中的神仙为题材的画谱，其中的作品是结合传统的绘画手法进行表现的。

本书包含16张神仙画装饰海报、3张限定海报、4张门神海报和一本线描练习册。其中海报包含财神、门神、灶神、福星、禄星及寿星等传统习俗中的神话人物及介绍，线描临摹册包含玉清元始天尊、魁星、四海龙王、嫦娥等神仙线稿。另外，随书附赠5张电子壁纸及8位神仙的线稿电子文件，供读者使用或临摹。本书画风精美，古风韵味十足，经典人物形象与传统技法的碰撞可以让读者感受到传统绘画带来的独特气韵。

本书适合传统文化爱好者、绘画爱好者观赏和临摹。通过对本书的学习，读者可以更好地了解并爱上传统文化。

◆ 绘　　　彤　仙
责任编辑　张　璐
责任印制　马振武

◆ 人民邮电出版社出版发行　北京市丰台区成寿寺路11号
邮编　100164　电子邮件　315@ptpress.com.cn
网址　https://www.ptpress.com.cn
北京瑞禾彩色印刷有限公司印刷

◆ 开本：787×1092　1/8
印张：5　　　　　　　2024年1月第1版
字数：66千字　　　　2024年2月北京第3次印刷

定价：49.80元

读者服务热线：(010)81055410　印装质量热线：(010)81055316
反盗版热线：(010)81055315
广告经营许可证：京东市监广登字 20170147 号

嫦娥，又名素娥，中国古代民间神话中的人物，后羿的妻子。传说中嫦娥因偷吃了不老药，羽化飞升至月中广寒宫，从此无法与家人相见。后来人们便在八月十五将圆月般的点心置于庭院，以祈求团圆美满。

嫦娥，又名素娥，中国古代民间神话中的人物，后羿的妻子。传说中嫦娥因偷吃了不老药，羽化飞升至月中广寒宫，从此无法与家人相见。后来人们便在八月十五将圆月般的点心置于庭院，以祈求团圆美满。

关圣帝君,本名关羽,字云长,东汉末年名将。
别名美髯公、关公。

钟馗是降妖驱邪之神。民间流传着"钟馗捉鬼"的传说,百姓家中常挂钟馗像,以求辟邪除灾。传说,有年兽专于年夜侵扰人间,人们为了驱赶年兽,年夜岁守,将钟馗、神荼、郁垒、尉迟恭、秦琼神像贴于门上辟邪,放鞭炮、挂红灯吓跑年兽。

灶神，又称灶王爷、灶君。玉皇大帝封其为"九天东厨司命灶王府君"，负责管理各家的灶火，因而受到人们崇拜。传说农历腊月廿三至除夕灶神离开人间，上天向玉皇大帝禀报这一家人一年来的表现，又称"辞灶"，所以家家户户都要"送灶神"。

尉迟恭，字敬德，朔州人，是凌烟阁二十四功臣之一。唐朝名将，逝后册赠司徒、并州都督，谥号"忠武"。

尉迟恭，字敬德，朔州人，是凌烟阁二十四功臣之一。唐朝名将，逝后册赠司徒、并州都督，谥号"忠武"。

财神名为赵公明,又名赵玄坛、黑虎玄坛,传说能役雷驭电,除瘟禳灾,主持公道。道教尊为"正一玄坛元帅"。

秦琼，字叔宝，齐州历城人。隋末唐初名将，拜左武卫大将军，逝后追赠徐州都督，谥号为"壮"。秦琼亦为凌烟阁二十四功臣之一。据说，唐太宗李世民即位后夜间常做噩梦，他便让秦琼与尉迟恭二人每夜披甲持械守于宫门两旁。之后，唐太宗念秦琼和尉迟恭辛劳，便让宫中画匠绘制他们的戎装像悬挂于宫门两旁，此后便安枕无忧。

禄星，主掌人间功名利禄，因此在读书人心中的地位十分高。禄星又被称为"文曲星""文昌星"。一般认为禄星指的是比干，他死后受封为"文曲星"。

福星，主掌人间赐福，一般认为福星就是北极紫微大帝。北极紫微大帝是道教四御之一，福星只是他其中的一个身份而已。后来人们认为唐朝一位叫阳城的人是福星，其死后被百姓供奉，被尊称为福神。

福星，主掌人间赐福，一般认为福星就是北极紫微大帝。北极紫微大帝是道教四御之一，福星只是他其中的一个身份而已。后来人们认为唐朝一位叫阳城的人是福星，其死后被百姓供奉，被尊称为福神。

寿星，主掌人间寿命。有些传说认为寿星是彭祖，据说历史上确实有彭祖这个人，他是颛顼的玄孙，因为十分长寿，所以被尊称为寿星。

西海龙王

西海龙王,敖闰,为乌龙。居西海,司掌风和气候的变化。

西海龙王,敖闰,为乌龙。居西海,司掌风和气候的变化。

东海龙王，敖广，为青龙。居东海，主宰雨水、雷鸣、洪灾、海潮等。

北海龙王，敖顺，为白龙。居北海，掌管着雪、冰雹、冰霜等气象变化。

北海龙王，敖顺，为白龙。居北海，掌管着雪、冰雹、冰霜等气象变化。

南海龍王

南海龙王，敖钦，为赤龙。居南海，控制火灾、闪电等。

土地公，民间境地守护神，又称福德正神、社神，是管理一方土地的神。农历二月初二是土地公的诞辰。

土地公，民间境地守护神，又称福德正神、社神，是管理一方土地的神。农历二月初二是土地公的诞辰。